I0533058

Todos los libros de Linkgua Ediciones cuentan con modelos de Inteligencia Artificial entrenados por hispanistas. Pregúntale al chat de tu libro lo que desees acerca de la obra o su autor/a.

Para **ebooks**: Accede a nuestro modelo de IA a través de este enlace.

Para **libros impresos**: Escanea el código QR de la portada con tu dispositivo móvil.

Obtén análisis detallados de nuestros libros, resúmenes, respuestas a tus preguntas y accede a nuestras ediciones críticas generativas para una experiencia de lectura más enriquecedora.
La transparencia y el respeto hacia la autoría de las fuentes utilizadas son distintivos básicos de nuestro proyecto. Por ello, las respuestas ofrecen, mediante un sistema de citas, las fuentes con las que han sido elaboradas.

José Lezama Lima

Coloquio con Juan Ramón Jiménez

Barcelona 2024
Linkgua-ediciones.com

Créditos

Título original: Coloquio con Juan Ramón Jiménez.

© 2024, Red ediciones S.L.

e-mail: info@linkgua.com

Diseño de la colección: Michel Mallard.

ISBN rústica ilustrada: 978-84-9953-6378.
ISBN ebook: 978-84-9007-956-0.

Sumario

Brevísima presentación

La vida

José Lezama Lima (La Habana, 19 de diciembre de 1910-9 de agosto de 1976). Cuba.

Nació el 19 de diciembre de 1910 en el campamento militar de Columbia, en La Habana, hijo de José María Lezama, coronel de artillería, y de Rosa Lima. En 1920, Lezama entró en el colegio Mimó, donde terminó sus estudios primarios en 1921. Hizo sus estudios de segunda enseñanza en el Instituto de La Habana, y se graduó como bachiller en ciencias y letras en 1928. Un año más tarde estudió Derecho en la Universidad de La Habana.

Lezama participó el 30 de septiembre de 1930 en los movimientos estudiantiles contra la dictadura de Gerardo Machado. Y publicó por entonces el ensayo «Tiempo negado», en la revista *Grafos*, en la que al año siguiente se publica su primer poema titulado «Poesía». Hacia 1937 fundó la revista *Verbum* y publicó su libro *Muerte de Narciso*. En los años siguientes fundó otras tres revistas: *Nadie parecía*, *Espuela de plata* y *Orígenes*, junto a José Rodríguez Feo.

En 1964 Lezama se casó con su secretaria María Luisa Bautista. En 1965 ocupó el cargo de investigador y asesor del Instituto de literatura y lingüística de la Academia de Ciencias. En esa época fue publicada su *Antología de la poesía cubana*.

Su novela *Paradiso* apareció en 1966, fue considerada una de las obras maestras de la narrativa del siglo XX y calificada por las autoridades cubanas de «pornográfica».

Profundo conocedor de Platón, los poetas órficos, los gnósticos, Luis de Góngora y las literaturas culteranas y herméticas, Lezama vivió entregado a la escritura. Murió el 9 de agosto de 1976 a consecuencia de las complicaciones del asma que padecía desde niño.

La obra

El *Coloquio con Juan Ramón Jiménez* es el primer ensayo publicado por José Lezama Lima. Apareció en 1938, en la *Revista Cubana*, y años más tarde fue incluido en el libro de Lezama *Analecta del reloj*. El *Coloquio* empieza con una nota de Jiménez en que declara que: «en las opiniones que José Lezama Lima me obliga a escribir con su pletórica pluma, hay ideas y palabras que reconozco mías y otras que no».

Este libro fue concebido como un diálogo y se basó en una entrevista hecha por Lezama a Jiménez durante la estancia de este en Cuba, en noviembre de 1936, exiliado por la Guerra Civil española. Más allá de que contiene parlamentos diferenciados para los dos interlocutores (indicados con las iniciales «J.R.J.» y la referencia «Yo»), no es posible discernir qué pasajes del texto pertenecen a uno u otro autor.

Lezama establece desde muy pronto su tema de reflexión. La primera pregunta del *Coloquio* y las que siguen así lo indican:

«¿no ha percibido ciertos elementos de sensibilidad [...], que nos hagan pensar en la posibilidad del "insularismo"?»

Coloquio con Juan Ramón Jiménez[1]

Nota: En las opiniones que José Lezama Lima «me obliga a escribir con su pletórica pluma», hay ideas y palabras que reconozco mías y otras que no. Pero lo que no reconozco mío tiene una calidad que me obliga también a no abandonarlo como ajeno. Además, el diálogo está en algunos momentos fundido, no es del uno ni del otro, sino del espacio y el tiempo medios.

He preferido recoger todo lo que mi amigo me adjudica y hacerlo mío en lo posible, a protestarlo con un no firme, como es necesario hacer a veces con el supuesto escrito ajeno de otros y fáciles dialogadores.

J. R. J.

Nos enamoramos de la piel, contemplamos invariablemente sobre nosotros la misma piel en forma de carta estelar. Piel, mirada y cartografía sideral. Luego resulta que la piel no corresponde al cuerpo, quien debe responder por la piel y por la mirada. La serpiente de cristal prosigue, se persigue; ha quedado la piel, que es entonces sombra, flecha sobre la sombra, muro que se hunde sobre la espalda soplada. La serpiente de cristal está ya en otra piel y nosotros tardamos en convencernos de que la piel anterior es ya un papel, de que el papel cae con la elegancia con que se frunce la hoja. Cuando esperábamos la hoja verde, aparece la hoja eléctrica, la morada, la hoja que crece en las espaldas o en las sienes como una cabellera vista desde debajo del agua, como un racimo

1   *Revista Cubana*, La Habana, enero-febrero-marzo de 1938

de peces girando sobre un cristal fijísimo, eterno. Después, piel, sangre del humo. Una mano fuerte aprieta, estrangula un limón, define una garganta.

Etapas: piel, piel del guante, piel disecada. Serpiente de cristal: el estilo, la manera, la costumbre de la sensibilidad. Un día nos burlamos de lo primero. Vidas multiplicadas por tronos, potestades, demonios y ángeles, no alcanzarían acaso lo segundo, contestar por todos de una vez para quedarse definitivamente en fracaso, en hundimiento, en mutismo.

Picasso dice: «No busco, encuentro.» Juan Ramón Jiménez dice: «No estudio, aprendo.» Aprendieron encontrando, modo también de la serpiente de cristal; saliendo siempre de su piel, sus últimas adquisiciones. Por eso, si buscamos en ellos las distintas maneras que han atravesado, nos perdemos; sorprendemos solo una experiencia sensible aislada. Su legitimidad nos obliga a descubrir en ellos lo más valioso, lo que es en sí curiosa obra de arte, fuerza creacional, riqueza infantil de creación. Para ellos, la manera, el estilo han sido últimas etapas de largas corrientes producidas por organismos vivientes de expresión. Mientras que los más (temed al hombre de una sola experiencia sensible victoriosa) alcanzaron una manera y la degeneraron en manía; una tradición fraccionada, y se apresuraron a convertirla en ley.

Juan Ramón, Picasso. Su fidelidad radica solo en el acoplamiento de la virtud aprehensiva volcada sobre el objeto provocador en el momento en que éste ofrecía el mejor de sus cuerpos, como en la cita final. Su secreto, su primer acercamiento a las claves y a lo eterno, permanecen intactos. Picasso: Roma y África, fauna boreal y urnas cinerarias, barracas de feria y piedras carbonizadas de la era terciaria. Un común denominador: fidelidad, riqueza fabulosa de recuerdos de infancia creadora, absoluta erotización de la adolescencia, serenidad, cita cumplida y firma legible. Juan Ramón Jiménez: resolución en ondas y líneas, como en un pez que resuelve; línea y música atadas. Enterrado oído marino para las abejas malva y oro de la ciudad dórica andaluza. Nardo, paseos a caballo por hierbas húmedas, tierras violetas, revueltas arenas respiradas. Maestro, ¿por qué la rosa y no el clavel? («Porque la rosa es mujer y yo hombre.» J. R. J.) De la rosa, ¿la ausencia o su definitiva teleología de la nieve, su círculo que es anillo? ¿La rosa alzada cuando la rama vuelca su agua con sueño, y se queda lo verde para morir?

Ahora estamos todos con Juan Ramón. Una sala donde es exigible leer fumando, unos sillones academizados dentro de sus rosadas pieles. Biblioteca y salón. Meditación sobre las culturas, como espiral ascendente resuelta en el humo de los cigarrillos. Se leen poesías, se siguen leyendo y la poesía se escapa. Un poco supersticiosos con la leyenda silenciosa de Juan Ramón, él nos avisa varias veces, y la poesía vuelve, prolonga su visita. De pronto, salta una voz intempestiva: «¿Qué opina usted de estos poemas?»

Juan Ramón vacila, luego contesta rápidamente: «Será mejor que opinen ustedes. Como se conocen bien, opinarán más pronto y más preciso.»

Hay otra pausa en la lectura, pausa muy metida ya dentro de la leyenda silenciosa que precede a Juan Ramón. Quien nos dice que si no opinamos sobre los poemas oídos, podemos sin duda hablar de poesía. Hablar de poesía prescindiendo de los poetas, será quizá la única manera de entendernos.

Yo. Deseo hacer algunas preguntas que pueden parecer apresuradas y también ingenuas. En el breve tiempo que lleva usted entre nosotros, ¿no ha percibido ciertos elementos de sensibilidad (cosa que nada tiene que ver con la etapa actual de nuestra lírica ni con lo más visible de nuestra sensibilidad), que nos hagan pensar en la posibilidad del «insularismo»? Deseo hacer constar que formulo la pregunta en una cámara donde flota la poesía, que la pregunta va dirigida a un poeta cuya respuesta siempre fabricaría claridad. La respuesta que pudiera dar un sociólogo o un estadista no nos interesaría ahora.

J. R. J. Si la pregunta no es una «salida», ¿qué extensión le da usted al concepto «insularismo»? Porque si Cuba es una isla, Inglaterra es una isla, Australia es una isla y el planeta en que habitamos es una isla. Y los que viven en islas deben vivir hacia dentro. Además, si se habla de una sensibilidad insular, habría que definirla o, mejor, que adivinarla por contraste. En este caso, ¿frente a qué, oponiéndose a qué otra sensibilidad, se levanta este tema de la sensibilidad diferente de las islas? En poesía, para concretarme a la esencia de todo problema de sensibilidad, no he advertido que el problema del «insularismo» penetre el de la sensibilidad artística hasta darle un tono distinto. Véase, por ejemplo, la gran lírica inglesa.

Yo. Mi pregunta no tiene el agrado de una salida de tono. Nos está pellizcando, nos mortifica, nos empieza a doler en la carne. «Insularismo» ha de entenderse no tanto en su acepción geográfica, que desde luego no deja de interesarnos, sino, sobre todo, en cuanto al problema que plantea en la historia de la cultura y aun de la sensibilidad. Desde el punto de vista de lo que empieza a llamarse «ciencia cultural», recordemos a Scheler, uno de sus propulsores. Sabemos que Grecia fue un archipiélago por lo del estado ciudad, y su centro fue en ocasiones Atenas. También nos interesa el sentido del «insularismo» cuando se dice que Francia es una isla.

J. R. J. Supongamos que la isla provoca nuestra desesperación por aislamiento, como ocurre en los irlandeses. Joyce, por ejemplo, dice: «Me siento vacío, deshabitado»; y Stephen Dedalus repite que su ideario ha de ser silencio, destierro y astucia. En este caso, el «insularismo» es una clase, una forma de sensibilidad individualísima que puede convenir a cualquier otro tipo de sensibilidad. Por eso, insisto, ¿frente a qué otro tipo de sensibilidad lo contrasta usted, que rebase los caracteres, las modalidades generales, que son desde luego intransferibles? Si el tema no presenta una vida típica, quedando como castigo o agrado personales, frecuentes en el juego de los temperamentos y de las actitudes, ¿cómo puede definirse? En la misma Inglaterra subsisten dos tradiciones, que responden a dos tipos de sensibilidad: una humanista, que viene de Roma, y otra celta, tan viva desde Irlanda.

Yo. Frobenius ha distinguido las culturas de litoral y de tierra adentro. Las islas plantean cuestiones referentes a las culturas de litoral. Interesa subrayar esto desde el punto de vista sensitivo, pues en una cultura de litoral interesará más el sentimiento de lontananza que el de paisaje propio. Se me puede contradecir con el rico paisajismo interior de Inglaterra. Pero éste ha servido de poco, ya que no ha sido concretado por ninguna gran escuela de pintura, lo que nos hubiera afirmado verdaderamente que su paisajismo era legítimo. Me interesa subrayar su afirmación de que el insular ha de vivir hacia dentro, opinión que coincide con la del maestro Ortega y Gasset cuando afirma que los isleños solo entornan los ojos a la vista de los barcos cargados de enfermedades infecciosas.

J. R. J. Lo que provocó la calidad poética en Martí o en Casal, dos de los más expresivos estilos sensibles de Cuba, fue una reacción contra las culturas incorporadas. No se ve en la diferencia que los caracteriza nada que nos haga pensar en un estímulo insular legítimo. Lo mejor de ellos está en el diverso universalismo a que tiende su obra.

Yo. Antes de reincidir en los dos nombres ofrecidos, quiero aludir a su pregunta anterior. Un fino poeta mexicano, Alfonso Reyes, nos amenazó con algo que parecía un desembarco armado de poetas de Anáhuac, cuando terminaba un poema suyo de motivo cubano, con este anuncio sibilino:

Se oirán llegar pisadas de sandalias y el trueno de las flautas mexicanas.

Esto nos aclara algo el asunto. Quizás existan contrastadas la sensibilidad insular cubana y la sensibilidad mexicana continental. Entramos en una zona peligrosísima, pues solo por atisbos larvados, no por afirmaciones categóricas o por entelequias diferenciadas, podemos ver en esta extensión superficialmente indistinta. Pudiera imaginarse una inmotivada vanidad insular escondida en mi pregunta. Pero recuérdese que un crítico norteamericano, Waldo Frank, nos aconsejaba el ejercicio, en un presunto imperialismo antillano, de una hegemonía del Caribe. Esto tampoco nos interesa mucho por ahora, aunque desde luego podría llegarse con ello a algo seductor teóricamente y también a levantar nuestra voluntad de poderío con un pueblo y una sensibilidad que siempre padecieron de complejo de inferioridad.

J. R. J. Está usted hablando de una sensibilidad mexicana continental. Fíjese usted que la sensibilidad peruana, por ejemplo, es muy distinta de la mexicana; tanto como la cubana de la inglesa, aunque las dos pertenezcan al tipo de sensibilidad insular o de cultura de litoral.

Yo. Me obligo a clarear más mi pregunta. Inglaterra, por ejemplo, ha ejercido siempre un poderío lírico que puede competir con los más lujosos y, sin embargo, su expresión pictórica ha sido insuficiente. El aislamiento y la nostalgia, producto de un egotismo o de una laminación excesiva, acaban en un subjetivismo diestro para llegar al mayor lirismo. En la música, donde la proyección y la voluntad de diálogo obligan a una dualidad participante, no ha podido Inglaterra gozar de la tradición que ostenta en la filosofía pragmática, en la moral científica o en biología evolutiva. Que los ingleses han estado prestos a reconocer una diferenciación insular se evidencia en que ellos han iniciado el determinismo. El determinismo de Taine se debe principalmente a la atracción ejercida en él por Spencer, por Hume, y por Darwin. Además, siempre que se ha formulado la tesis de la unidad moral de Europa, Inglaterra no se ha considerado aludida. De igual manera, nosotros los cubanos nunca hemos hecho mucho caso de la tesis del hispanoamericanismo, y ello señala que no nos sentimos muy obligados con la problemática de una sensibilidad continental. La estabilidad y la reserva de una sensibilidad continental contrastan con la búsqueda superficial ofrecida por nuestra sensibilidad insular. El mexicano es fino y discreto, ama la palabra larga y con sordina; nosotros, excesivos y falsamente expresivos, ofrecemos nuestra tragedia en «comino de chiste criollo», como ha dicho la Mistral.

La reserva con que la poesía mexicana, tan aristocrática, acogió al indio, como motivo épico o lírico, contra el gran ejemplo de su pintura, contrasta con la brusquedad con que la poesía cubana planteó de una manera quizás desmedida, la incorporación de la sensibilidad negra. Olvidando otros incitantes, la resaca, y desvinculándola ahora de su más estricta alusión, es quizás el primer elemento de sensibilidad insular que ofrecemos los cubanos dentro del símbolo de nuestro sentimiento de lontananza. La resaca no es otra cosa que el aporte que las islas pueden dar a las corrientes marinas, mientras que los trabajos de incorporación se lastran de un bizantinismo cuyo límite está en producir en el litoral un falso espejismo de escamas podridas, en crucigramas viciosos.

J. R. J. Cuestión de ondas. Por eso insisto e insistiré siempre en la internación, la vida hacia el centro, única manera de legitimarse. Ustedes han estado más atentos a los barcos que les llegaban que al trabajo de su resaca. Su pregunta es más bien un problema de fauna marina. Y sigo insistiendo en que me gustaría conocer alguna referencia concreta a los secretos más significativos de una sensibilidad puramente insular. Creo que lo que usted me ofrece es un mito, y por eso tal vez sea prematura mi pregunta sobre hechos evidentes de una sensibilidad ya definida. En Martí o en Casal, ¿no podría usted señalarme algunos momentos, por rápidos que fuesen, de esta significación?

Yo. Me gustaría que el problema de la sensibilidad insular se mantuviese solo con la mínima fuerza secreta para decidir un mito. Presentado en una forma concreta, este problema alcanzaría una limitación y un rencor exclusivistas. Yo desearía nada más que la introducción al estudio de las islas sirviese para integrar el mito que nos falta. Por eso he planteado el problema en su esencia poética, en el reino de la eterna sorpresa, donde, sin ir directamente a tropezarnos con el mito, es posible que éste se nos aparezca como sobrante inesperado, en prueba de sensibilidad castigada o de humildad dialogal. Es indudable que los cubanos insistimos en los toques y percusiones musicales, y sin embargo no hemos llegado a una resultante de compases tonales; hemos obligado casi a la poesía a que sea cantada con acompañamiento de voz o de instrumento. (Lo que ha sido sustituido por la copiosa lluvia de los recitadores.) Entre nosotros, la poesía cuyo principal hallazgo ha sido la incorporación de la sensibilidad negra y, más frecuentemente, la incorporación del vocablo onomatopéyico, se resiente de haber estado de espaldas a la prueba por nueve, a la que debe responder toda poesía según Cocteau, y se ha contentado con la primera simpatía de la prueba orejera. Nuestra pintura, tocada de afrancesamiento, se ha situado en un doctrinal meramente occitánico, y en consecuencia se resiente de una sequedad desarraigada. Más claro, un elemento percutible, en su más elemental forma musical no produce más que una poesía anecdótica. Esto se debe a que un sujeto disociado intenta apoderarse de un objetivo ambiguo; a que se confunde, por ahora, el accidente coloreado con la sustancia mítica, con la esencia vivencial. Claro está que estos temas de sensibilidad solo pueden ser tocados por nosotros en sus primeros planos, pues no ofrecen todavía un material clareador, ascendido ya a concepto o a entelequia. Ceilán no existe para la historia de la sensibilidad, pero sin embargo plantea cuestiones de sensibilidad larvada de fabulosa importancia. Lawrence, cuya doctrina de los dos círculos de sangre nos parece capciosa, hablaba de un día en que se sintió ascender en la marea de la siesta de Ceilán, tan distinta de la siesta de Inglaterra. Sin duda nos habló como los místicos cuando diferencian el cielo de cristal y el cielo de estrellas.

J. R. J. El mito de la sensibilidad insular, de que usted habla, pudiera ser también suscitador de un orgullo disociativo, que quizás los apartase a ustedes prematuramente de una solución universalista. Sabemos que para los griegos la isla era aquella isla de la canción, peligrosa para el astuto Ulises. Ese mito es además un incitante muy vago. Y como hierro para una conducta social no tiene perfil apresador. Se ha hablado de la lucha actual entre los hombres-islas y los hombres-ríos. Los ríos, según Pascal, son caminos que andan. Los hombres-islas, tipo Joyce, plantean, en su forma más desesperada, la atomización de la personalidad; los hombres-ríos dependen de la legitimidad de sus fuentes en la tierra y en el aire. Este tema pudiera conducirnos a viejas asociaciones filosóficas: género y especie, esencia y sustancia, etc.

Yo. En la actualidad, la filosofía empieza a plantearse el tema de la angustia, la raíz misma del existir, que hasta ahora acostumbrábamos a resolverlo con las largas declaraciones del yo poemático de los románticos. La poesía empieza a encerrarse en un castillo limitadamente cartesiano. Valéry pide morir doctamente, morir clasificando.

J. R. J. La diferencia entre filosofía y metafísica, Valéry y Mallarmé, es la que existe entre lo que intenta justificarse y lo que no es sino un andamio o una nueva exploración sobre lo ya adquirido. Si la filosofía es una reacción total, que acaba siempre en una tesis comprometida, será lastre para un poeta cuyo dogma conceptual lo acerque previamente a las cosas. Es sabido que la metafísica resuelve los hallazgos de la filosofía en su forma más absoluta. El poeta, al llegar a la casa de la poesía, deberá dejar el sombrero y los guantes, es decir, la magia con posibilidades de truco. Valéry, situado dentro de la línea clásica del cartesianismo, repite la vieja máxima que aconseja colocar los diablos alrededor de un centro. La metafísica, que puede vivir dignamente en la poesía, es solo la abstracción que da forma al cuerpo poemático. Mientras la filosofía da a la poesía malsanas seguridades, la metafísica es la nueva vida que todo poema empieza después de la primera experiencia sensible. Se me dirá que Mallarmé libre de toda escuela filosófica, cayó en la temática wagneriana. Valéry comprendió el error; y cuando dejó de ser cartesiano se convirtió en pascaliano, aunque siempre haya hecho declaraciones anti-pascalianas. Un crítico ha observado que el instante que hipnotiza a Valéry es aquel en que el inconsciente va a ser consciente, en que el pensamiento se hace acto y la nada se convierte en el nacer de la poesía. La embriaguez y el delirio son la vida misma del poema. Cuando el poeta despierta, encuentra el poema terminado. Creo haber dicho que el solo arte en lo espontáneo sometido a lo consciente. Desde luego, conciencia de desesperación, pecho hundido, conciencia de lo inconsciente, conciencia que teje y desteje lo espontáneo.

Yo. Creo también que Valéry ha participado en la entrega de una claridad demasiado rotunda a la línea que va del logos a la *clarté*. A mi manera de ver, esa crisis de la razón europea se ha acentuado después de Goethe, quien puso un orden trágico en todo el goticismo germano. Los que después han mantenido un ideario exclusivamente occidentalista, como Maurras, Valéry, Benda, Ors, han reincidido en el proceder de Goethe, que en él era un proceder adquirido orgánicamente, una conquista lógica, y en ellos el disfrute de una claridad que a fuerza de fácil es un poco inmoral. A pesar de que incluyo a Valéry en esa línea de europeístas, quiero poner en su favor una adquisición que me parece fundamental. Valéry, que debuta en el momento del impresionismo y del simbolismo, cuando la expresión adolecía de un rápido relativismo de la sensibilidad, reacciona hacia un absolutismo sensible, un todo coherente volcado sobre la sugerencia o sobre ese pinchazo que distingue un tiempo sensible en estado de gracia, *virtus inefabile*. En este sentido, su intento es análogo al de Lucrecio o al de Dante, cuyos cosmos poéticos están informados de la visión teológica del siglo XIII del epicureísmo atómico. Valéry ha reaccionado contra la poesía como momentánea experiencia sensible, y ha pretendido que sea total, sistemática, coherente, al atrapar la sensible fugacidad. Su mundo sensible intenta removerse dentro de las categorías ordenadas por buenos europeos como Leibniz y Descartes, Goethe, Mallarmé, habitantes de palacios dolidos por la cantidad de sus elementos irreconciliables, fuerzas negativas, visitas paradojales, inoportunas en aquellos momentos y que hoy pueden irrumpir contra el hombre técnico que fabrica un tubo elevador como fabrica un poema que es correcto pero que invariablemente se encuentra con lo que se ha colocado de antemano en él. Quizás un Spengler del mañana, experto en paralelos de morfologías de la cultura, halle relaciones entre la mentalidad colectiva de una asamblea de ingenieros reunidos para tratar de la construcción de un puente y la sensibilidad estética que dictó *El cementerio marino* o las décimas, tan del gusto de Joyce, de *La serpiente*.

J. R. J. Sin duda se exagera un poco cuando se afirma que Valéry es un académico o cuando se dice que es un alejandrino. Aparte de que el calificativo de académico no puede ser en Francia denigrante. Es evidente que Valéry usufructúa legítimas conquistas de Mallarmé. Él se disculpa en cierto modo cuando nos dice que la esencia de lo clásico es venir después. Mallarmé rehusó siempre lo académico. Fue uno de los espíritus que más sugestiones despertaron en la juventud. Estuvo dotado de una fabulosa capacidad para el diálogo intelectual de alta tensión. Valéry, continúo con el mismo símil, coge los guantes y el sombrero de copa que Mallarmé abandonó en su sitio y a tiempo, y entra con ellos en la academia. Es en realidad un divulgador de Mallarmé. Lo que en él no es mallarmeano, su pesada filosofía con mayúsculas, es lo que lastra de impureza su poesía. Ha buscado siempre la poesía pura, mágica, inefable, y no la ha encontrado nunca; la ha cargado siempre de arena discursiva.

Yo. La poesía, como expresión de un estado de ánimo inefable, me parece un tanto ingenua. Por otra parte, la unión de momentos inefables perseguidos por una técnica coherente, como ha pretendido Valéry en su desarrollo poemático, es ilusoria. La unión de momentos causales de la sensibilidad que han intentado los sobrerrealistas, es experiencia que tiene un final infiel, pues las palabras regidas por el sentido no excluyen que las palabras disociadas produzcan luego los postceptos de que habla Unamuno, la encarnación del sentido. Las palabras rebeladas, demoníacas, son también comprendidas, defendidas y justificadas por el Espíritu Santo. Las palabras desalojan una tensión que provoca la aparición del sentido, y no es éste el que las precede ni el que les impone leyes de gobierno sintáxico.

J. R. J. La poesía se desenvuelve adquiriendo intempestivamente las leyes de los cuerpos o las almas disímiles, que la lógica conceptual rechaza. La poesía tiene su lógica maravillosa, que aparece solo como el halo que se desprende de la virtud adquirida por el logro, por la perfección del cuerpo poemático. Todas estas cosas nos conducen a viejas polémicas que nada resuelven. La poesía es lo único que siempre sigue respondiendo preguntas, que son, contestadas por ella, la suprema adivinación de la vida íntima de los elementos, el agua, el fuego, el aire, la tierra. No hay que buscar en la rosa su ausencia, sino su eterno y absoluto resolver. Los que han propuesto la granada en sustitución de la rosa, la granada, flor y fruto, han olvidado que, en poesía, la pretensión del frutecer, más que esperar una consecuencia, que al fin sería inútil y descompuesta, es aceptar imposiciones que, impidiendo la flor, le corrompen el fruto. La ética de la flor es tan vana como la hermosura del fruto, que es siempre como su tardío nacer.

Vamos a dejar ahora estas cuestiones. Yo quiero ahora preguntar a ustedes. En estos días he oído en La Habana una conferencia que predecía la fusión de razas en Cuba, fusión que producirá necesariamente la expresión poética mestiza. Me interesa saber si la busca de una distinta sensibilidad insular que ustedes intentan, no es el reverso de esa expresión mestiza. Las dos tesis parece que promueven un orgullo diferente, una solución disociadora por desemejanza y exclusión. La tesis de la sensibilidad insular va contra la sensibilidad continental y la de la expresión mestiza contra la expresión de valores y angustias universales. Todas las razas han producido culturas, y si todas las razas se expresan distintamente, se derivará de esa diferente expresión conjunta una unidad y una universalidad con todos los valores y las categorías. Por eso el proceso de retorno de una raza a su expresión diferente, rencorosa, por decirlo así, no me parece claro y terminante. Quizás el mundo esté un poco cansado de sus incesantes paseos de la síntesis a la unidad, y es indudable que ha superado, por fusión y decantación, las expresiones que pretenden ser última voz de una raza que logra expresarse; y esas manifestaciones pueden considerarse ya como curiosidades o anécdotas.

La poesía está definitivamente del lado del espíritu, que fusiona a esos enemigos aparentes de la naturaleza y de la cultura. Quererla retrasar de nuevo a su primera sangre, pudiera hacerla reincidir en etapas de la sensibilidad ya ganadas. Por eso los europeos consideramos la poesía como una eficaz resolución de los momentos del espíritu. Me interesa saber lo que piensan ustedes de esta transfusión de sangres poéticas, de una poesía cuya expresión surja de una fusión de sangres. El espíritu sopla dondequiera; la sangre enemista y separa. ¿Se podrá colocar la sangre antes que el espíritu?

Yo. La tesis de la sensibilidad insular, aparentemente orgullosa, tiene tanto de juego como de mito. No desearía ser el reverso en la búsqueda de una expresión mestiza, pues lo que intenta articular es menos que un mito. Se limita, humilde, a una justificación, una vida legitimista. Los problemas étnicos del mestizaje, estudiados desde el punto de vista biológico, no me interesan. Una realidad étnica mestiza no tiene nada que ver con una expresión mestiza. Entre nosotros han existido mestizos que han intentado expresarse dentro de los cánones del parnasianismo, y gran parte de la poesía afrocubana, en cambio, es de poetas de raza blanca. Se ve que una cosa es el mestizaje y otra abogar por una expresión mestiza. Una expresión mestiza es un eclecticismo artístico que no podrá existir jamás. Los antiguos gnósticos afirmaban que la sangre era una mezcla del agua y del fuego. Ya lo vemos. Sangre: impureza. Agua y fuego: espíritus puros. Podemos reclamar una poesía del agua, y Garcilaso nos ofrece la suya para que en el agua más limpia adivinemos la turbiedad. Whitman es el ejemplo del poeta más cercano a las capas centrales del fuego. En el nacimiento de la poesía, como en el origen del mundo, hay una lucha entre los elementos plutonistas y neptunistas, pero la sangre, líquido impuro en el supuesto de estar formada por mezclillas de agua y fuego, produce una poesía inexacta, de inservible impureza.

La poesía será siempre amor absoluto o definitivo rencor. Abogar por una expresión mestiza es intentar un eclecticismo sanguinoso. La poesía plantea sus problemas en tensión última, inapelable, y un intento de fusión, con ella, sería una timidez que provocaría toda clase de superficialidades e insolencias. Las síntesis del amor y de otras insalvables antipatías, la pureza que se ve obligada a producir sus más eficaces reacciones bajo un signo que la interprete o le robe el secreto de su rendimiento máximo, son el clima donde la poesía gusta hospedarse, imponiendo a sus ataduras y a sus obligaciones prefijadas dominios y leyes, ya para la oscuridad provocada o para aquella otra que se embosca y nos aturde de veras, o para el delirio, que después resuelve los más enemistados principios de enlaces verbales.

Subrayaré que me parece innecesario considerar la interrogante de una sensibilidad insular diferenciada, como el reverso en la búsqueda de una expresión mestiza. El planteamiento de una sensibilidad de tipo insular no rehuye soluciones universalistas. Francia, cuyos valores de sensibilidad y de arte son los que centran las más puras devociones a los universales y a las soluciones genéricas, comenzó llamándose *Île de France*, nombre de la provincia de París en la Edad Media. La sensibilidad principia humildemente planteando meros problemas existenciales, y luego intenta llegar a las soluciones universales, regalándonos las razones de su legitimidad, con el anhelo de ofrecer un momento de su aislamiento, la delicia de su particularismo, única manera de afirmarse en una concepción universalista previa que rehusase las matizaciones históricas, dejándonos el esqueleto de una categoría, la banalidad de un arquetipo desencarnado. Por el contrario, la tesis de una expresión mestiza es, por ahora, una síntesis apresurada; queda solo la paradoja de esa síntesis sanguínea. Buscándole a esa tesis tangencias sociales (de hecho está llamada a tener más tangencias políticas que estéticas), podemos provocar consecuencias contradictorias, excluyendo, en la integración de la nacionalidad, ciertos elementos constitutivos que se resentirán de esa violencia de síntesis forzada.

Además, las presiones sanguíneas que se agitan en la intimidad del yo más oscuro o musical, están muy lejos de reconocer ninguna síntesis, pues la sangre salta cualquier axioma unificador. Cualquier solución universalista intentaría provocar los deseos de una expresión dentro del espíritu, que tiende siempre a unificar sus conceptos, tanto en una forma luciferina como en otras más humildes, las del triunfo del cordero; mientras que las arrogancias alteradas de la sangre se dedican a reconocer con detenimiento analítico la calidad de cada componente, lo que significa hospedarse apresuradamente en cada uno de los accidentes integradores. Preferir la música elemental de la sangre a las precisiones del espíritu es lo mismo que habitar los detalles sin asegurarse de la legitimidad de una sustancia. Hasta ahora hemos preferido los detalles, gozosos de su presencia más grosera, de sus exigencias más visibles, sin intentar definir la sustancia, que es lo único que puede otorgar una comprobación universalista.

La expresión de los andaluces no tiene que ver nada con el andalucismo; las exigencias de una sensibilidad insular no tienen tangencias posibles con una solución de mestizaje artístico. Aquélla asciende de la historia al espíritu, ésta no es más que un recuerdo bizantino del detalle, un disfrute epicúreo y elemental de factores exógenos. No hay duda de que el mestizo recalcó su bandurria presionado por las guitarras andaluzas de García Lorca, llevando las síncopas a la fluencia láctea del romance. Tocamos una diferencia radical. El andaluz tiene un precioso sentido de lo universal; ya hemos hecho referencia a la época de Alfonso el Sabio, cuando la cultura oriental resolvió una síntesis con la tradición cristiana greco-latina, gracias a lo cual el andaluz se incorporó al europeo, a la limpidez del polvillo dórico, al ideal de la ciudad mediterránea. La expresión mestiza es, por el contrario, disociativa, y nos obliga a retrotraernos a la solución de la sangre, al feudalismo de la sensibilidad.

J. R. J. Me gusta que usted considere el romance como una limitación técnica para una poesía que está aún en su fase, dice usted, teogónica. Yo creo que la emoción poética debe ser expresada, al nacer, en metros personales, inventados, al margen de las formas corrientes. Con eso, la poesía naciente sería de una gran pureza, y se impediría que toda la mezquindad neoclásica dejase el poema temprano en ejercicio, en acertijo alimentado por el hastío, sumido tal vez en la nada por la suscitada angustia. Muchos poetas, y me acuerdo ahora del americano Herrera y Reissig, desvirtuaron su despertar poético con formas manidas, décima, soneto, etc. Cuánto mejor hubiera sido para ellos que hubiesen intentado su poesía en versos libres, inventados, particulares. Valéry ha insistido en la diferencia entre el verso dado y el calculado. (El verso dado no tiene nada que ver con el verso inventado que yo digo.) En España, el uso repetido del octosílabo y el endecasílabo ha limitado el movimiento de muchos poetas. Todo poema, necesita un ritmo, un tono, un estilo propios y que mueren con él. En realidad, el poeta no debiera repetir ninguna forma, a menos que considere, la forma, y a mí me gusta así, por ciclos; es decir, que un libro fuese el «poema de una forma». Herrera y Reissig, que usted citó primero, consiguió un sentido propio para la imagen sorprendida, pero tuvo que recortar, limar demasiado esa imagen para meterla en los sonetos, en las décimas, etc. Y lo mejor de su fantasía o lo mejor de sus consecuciones saltaba fuera como una cabeza cortada por la guillotina inexorable del metro. Para conseguir unidad de fondo y forma se necesita una plenitud que él no tuvo. Si se hubiese limitado al versillo más o menos libre, su imaginación hubiese ostentado calidad muy distinta. Su Pegaso fue domado por la calle principal de una provincia imaginista.

El otro día me preguntaron ustedes si yo no veía una diferencia esencial entre la poesía última, verso libre, de García Lorca y la del *Romancero gitano*. Yo quise explicar, y no sé si lo conseguí, porque soy premioso de palabra, que las imágenes locas parecen más locas en verso descuidado que en verso regular. La forma simétrica da una garantía de limitación a la imagen. En realidad, la forma regular domina un poco la locura. Pero para ese dominio se necesita mucho instinto y mucha gracia.

Esto nos llevaría muy lejos. Lo que yo quisiera saber ahora, volviendo al punto inicial, es qué oportunidad temporal tiene la exigencia con que irrumpe la isla: de otra manera, en qué relación se encuentran ustedes, al ofrecer su busca, con otros mitos o con determinadas etapas de otros mitos.

Yo. Los argentinos tratan hace tiempo de enarcar su mito, cuya forma simbólica está encarnada en «La Cruz del Sur». Si poseyesen sociólogos más decididos, se empeñarían en torcer lo que hemos convenido en llamar la ruta de !a civilización, que hasta ahora hemos supuesto que va de oriente a occidente. Están enamorados de un error voluntario y afirman que la ruta es vertical, de norte a sur. Una arrogancia exterior les mueve a considerar a los demás compadritos como viejos tangueros desinflados. Los mexicanos, innegablemente, puesto que se apoyan en un cronista español, lanzan su afirmación, que es delicia de uno de sus humanistas actuales; detienen bruscamente al viajero y le aseguran que ha llegado a la región más transparente del aire. Nosotros, obligados forzosamente por fronteras de agua a una teleología, a situarnos en la pista de nuestro único telos, no exageramos al decir que la Argentina, México y Cuba son los tres países hispanoamericanos que podrían organizar una expresión. Nosotros, insulares, hemos vivido sin religiosidad, bajo especies de pasajeros accidentes, y no es nuestra arrogancia lo que menos nos puede conducir al ridículo. Hemos carecido de orgullo de expresión, nos hemos recurvado al vicio, que es elegancia en la geometría desligada de la flor, y la obra de arte no se da entre nosotros como una exigencia subterrígena sino como una frustración de la vitalidad.

J. R. J. Tal vez puedan ustedes alcanzar así una alegría que no les adormezca la inquietud y una elegancia, como usted dice, que no sea el refugio rencoroso de lo que no se ha tocado o despertado.

En España, ahora, como reacción contra una poesía informe, monstruosa, que empleó por lo general una expresión falsamente primitiva, en la que la palabra no intentaba subir a la expresión y se perdía en un bajo sensualismo (goce de subir las aguas subterráneas con todo su arrastre), se ha vuelto al soneto. Yo no he rehusado nunca lo subconsciente, la invasión de las larvas sexuales; pero lo subconsciente expresado en una simple enumeración de momentos sensibles, en una aglomeración de imágenes que no intentan definir su lugar en el espacio, sino simultanear perspectivas, resbaloso desfile momentáneo, y sin virtud ascensional humana o estética, me parece un desfile vulgar. Pido la preferencia, el compromiso, el acierto que eternizan a los elementos líricos. Y me parece mal que los poetas vuelvan a las formas neoclásicas, si no poseen la virtud de alterar sus superficies formales, remozándolas, reavivándolas, volviéndolas a las más primitivas cercanías. Están cayendo, otra vez, en el ejercicio, en las viejas manías que usan el poema como una maquinita de delicia. Ni la poesía informe, vacía de la sublime posibilidad de la palabra y de todo lo que puede encarcelarse en la palabra, ni el academicismo remozado, que ahora parece que preocupa a los jóvenes ahítos de un bajo y falso verso libre.

Siempre han existido poetas verdaderos que han preferido la virtud ascendente (o, si se quiere, descendente) de los elementos poéticos a la expresión, a la expresión musical acaso. Pero el neoclasicismo, entendido como una rigurosa vuelta a la forma, es peligroso. Casi siempre, su secreto, más o menos confesado, es una reacción contra el verdadero clasicismo que sustenta todas las grandes épocas poéticas. Estamos, pues, entre dos peligros: la escritura informe, más o menos poética, sin conciencia para eludir lo abundante y lo fácil, y que pretende enlazarse con lo primitivo, y el neoclasicismo, resucitado una vez más por profesores que cultivan la poesía al margen de sus lecciones de retórica, y que yo he llamado «poetas voluntarios», para diferenciarlos de los poetas fatales, que son los que se escapan igualmente del falso primitivismo y del neoclasicismo más falso. Ambas falsedades viven de «la imagen» y «del concepto», mezclados más o menos ingeniosamente; imagen tirada como una plasta a los ojos abiertos, para cegarlos, y concepto escamoteador del verdadero pensamiento lírico, no filosófico. En los dos casos la escritura es enumerativa o acumulativa, como lo fue la pasada pintura sobrerrealista, que domina ambas tendencias literarias.

Insisto en que la verdadera poesía está, para mí, en la expresión aislada, acabada, suficiente, única, del pensamiento o el sentimiento plenos.

Yo. ¿Qué formas poéticas considera usted más originales y posibles en español?

J. R. J. Las llamadas «formas» que yo usé en mi adolescencia poética, que ahora uso más y que más me gustan, como más españolas y más mías, son el romance octasílabo, la canción y el verso libre que yo llamo «desnudo», y que nada tiene que ver con el llamado verso libre o blanco en el neoclasicismo español de todas las épocas ni con el usado recientemente por los informes. La mejor poesía española en verso y prosa, antigua y moderna, anda con esos pies. Es cierto que yo he cultivado, de igual modo, en mi juventud especialmente, la silva, italiana, y que tanto abunda en la poesía española, la estancia alejandrina, francesa, y otras formas. Pero hoy tengo escasas simpatías por ellas, aunque vuelva, como es lógico, sobre lo escrito. Recordando lo que dijo el gran Claudel sobre su propio versículo, podría decirse que el poeta italiano respira en silva consonante, el francés en estancia alejandrina consonante, ambas muy hechas y redichas, y el español en romance asonantado, canción suelta y verso desnudo; todo libre, abundante y natural, pero preciso. Y estoy contento de que el destino me haya hecho iniciar, en lo contemporáneo español, la vuelta al romance, a la canción y al verso desnudo. (Este verso desnudo de que hablo, tiene también poco que ver, en proporción y sentido, con el de Claudel.)

Si una época emplea los mismos metros que otra, corre el peligro de repetir también e inconscientemente el sentido poético de la primera. El soneto vale hoy lo que siempre, pero a condición de que no suene ni espeje a Garcilaso, a Herrera, a Quevedo, a Góngora, como está ocurriendo. Cualquier poeta diestro puede conseguir estas repeticiones, útiles o bellas para los que no conozcan bien los dechados de donde proceden. Imitar formas clásicas o neoclásicas quiere decir casi siempre incapacidad de invención interna, porque ningún poeta libre sorprendido por la belleza libre sabe de antemano la forma en que la va a expresar. La forma es, terminado el poema, otra sorpresa. En sus años jóvenes, el poeta puede y debe aprender en todos los países y más en los que en el momento de su despertar viven en la plenitud de la expresión poética. (España aprendió mucho del renacimiento italiano y del simbolismo francés, otro renacimiento.) Pero, una vez orientado en su camino ideal, el poeta consciente vuelve en espíritu y forma a su patria. Si yo he usado tanto el romance, la canción y el verso desnudo, no ha sido por una sugestión técnica. La poesía popular española sigue desarrollándose, es claro, en sustancia, como ninguna otra que yo conozca, y su forma no es nunca arquitectura externa ni juego ingenioso, aunque también haya de esto en lo popular español; sino gracia sucesiva, en todos los sentidos de la gracia, y la gracia poética mayor del mundo. Y esa forma poética que yo amo tanto, por española y por graciosa, es, a mi juicio, la forma de la verdadera aristocracia humana española, tipo acabado de lo natural y lo reflexivo, que tanto se encuentra en el pueblo español. Y terminemos aquí, de pronto, esta conversación. Abandonemos la palabra en este gran tipo humano y poético, que tanta poesía estará acumulando hoy. Es buen punto.

Con usted, amigo Lezama, tan despierto, tan ávido, tan lleno, se puede seguir hablando de poesía siempre, sin agotamiento ni cansancio, aunque no entendamos a veces su abundante noción ni su expresión borbotante. Otros trabajos poéticos y menos poéticos esperan. Gracias, en fin, por su presencia y su asistencia, conmigo, a la poesía.

Junio, 1937.

Libros a la carta

A la carta es un servicio especializado para
empresas,
librerías,
bibliotecas,
editoriales
y centros de enseñanza;
y permite confeccionar libros que, por su formato y concepción, sirven a los propósitos más específicos de estas instituciones.

Las empresas nos encargan ediciones personalizadas para marketing editorial o para regalos institucionales. Y los interesados solicitan, a título personal, ediciones antiguas, o no disponibles en el mercado; y las acompañan con notas y comentarios críticos.

Las ediciones tienen como apoyo un libro de estilo con todo tipo de referencias sobre los criterios de tratamiento tipográfico aplicados a nuestros libros que puede ser consultado en Linkgua-ediciones.com.

Linkgua edita por encargo diferentes versiones de una misma obra con distintos tratamientos ortotipográficos (actualizaciones de carácter divulgativo de un clásico, o versiones estrictamente fieles a la edición original de referencia).

Este servicio de ediciones a la carta le permitirá, si usted se dedica a la enseñanza, tener una forma de hacer pública su interpretación de un texto y, sobre una versión digitalizada «base», usted podrá introducir interpretaciones del texto fuente. Es un tópico que los profesores denuncien en clase los desmanes de una edición, o vayan comentando errores de interpretación de un texto y esta es una solución útil a esa necesidad del mundo académico.

Asimismo publicamos de manera sistemática, en un mismo catálogo, tesis doctorales y actas de congresos académicos, que son distribuidas a través de nuestra Web.

El servicio de «libros a la carta» funciona de dos formas.

1. Tenemos un fondo de libros digitalizados que usted puede personalizar en tiradas de al menos cinco ejemplares. Estas personalizaciones pueden ser de todo tipo: añadir notas de clase para uso de un grupo de estudiantes, introducir logos corporativos para uso con fines de marketing empresarial, etc. etc.

2. Buscamos libros descatalogados de otras editoriales y los reeditamos en tiradas cortas a petición de un cliente.